THÉÂTRAL

de pièces nouvelles

SUR LES THÉÂTRES DE PARIS.

2
1839

ABSENT ET PRÉSENT,

COMÉDIE EN UN ACTE, MÊLÉE DE COUPLETS,

PAR

M. DAVRECOUR,

REPRÉSENTÉE POUR LA PREMIÈRE FOIS, A PARIS, SUR LE THÉATRE DU VAUDEVILLE,
LE 8 SEPTEMBRE 1837.

PARIS.
MARCHANT, ÉDITEUR,
BOULEVART SAINT-MARTIN, 12

1837

PERSONNAGES.	ACTEURS.
LE PRÉSIDENT BRULART.........................	M. Fontenay.
LA BARONNE DE CHARNANCÉ.....................	Mlle H. Balthazard.
HENRIETTE, sa fille...............................	Mlle Joséphine.
ARTHUR DELAUNAY, neveu de la baronne............	M. Fradelle.
DUHAMEL..	M. Bardou.
GERMAIN, domestique de la baronne................	M. Ludovic.

La scène se passe à Amiens, au commencement du Directoire.

Imprimerie de Ve Dondey-Dupré, rue Saint-Louis, n° 46, au Marais.

ABSENT ET PRÉSENT,

COMÉDIE EN UN ACTE, MÊLÉE DE COUPLETS.

Un salon simplement meublé. Porte au fond. Portes latérales. A droite, une seule fenêtre. Sur le devant, un guéridon. Une armoire dans le mur.

SCENE PREMIERE.
Mme DE CHARNANCÉ, HENRIETTE.
Elles travaillent toutes deux.

Mme DE CHARNANCÉ. Eh bien! Henriette, vous ne travaillez pas?

HENRIETTE. Pardon, maman..... c'est que je pensais... je réfléchissais.

Mme DE CHARNANCÉ. Et à quoi, s'il vous plaît?

HENRIETTE. A ce bal où vous m'avez promis de me conduire... c'est le premier que j'aurai vu de ma vie. Mon impatience est bien naturelle... Toutes ces demoiselles sont comme moi enchantées... elles ne dorment plus, ou elles dansent en rêve... Enfin, c'est un événement si heureux, si extraordinaire...

Mme DE CHARNANCÉ. C'est la faute de l'époque où nous vivons... nous sortons à peine des tourmentes de la révolution... mais sous le Directoire... tout est bien changé.... La ville d'Amiens, que nous habitons, revient peu à peu aux anciens usages...

HENRIETTE. Ce qui m'inquiète, c'est qu'on m'a dit que pour aller en société il fallait apprendre à saluer, à danser, et c'est peut-être bien difficile?

Mme DE CHARNANCÉ. Oui, mon enfant, toutes ces choses-là étaient nécessaires autrefois; mais à présent ce serait du luxe.

Air de Paris et le Village.

Ah! combien de temps il fallait
Pour apprendre une révérence ;
Dans le plus simple menuet
On mettait de la conscience.
Mais pour les hommes de ce temps
Il n'est besoin d'aucune étude ;
Car ils dansent... comme des gens
Qui n'en avaient plus l'habitude.

Songe surtout à bien t'observer à ce bal... que ta contenance soit pleine de retenue, de modestie. Notre position à toutes deux exige tant de circonspection... toi, tu es sans protecteur.... sans appui... et moi, presque veuve.

HENRIETTE. A propos..... avez-vous des nouvelles de mon père?

Mme DE CHARNANCÉ. Très-souvent.

HENRIETTE. Pauvre père! voilà six ans qu'il est parti...

Mme DE CHARNANCÉ. Hélas! oui, six ans! Vit-on jamais un malheur plus grand que le mien? A quinze ans, j'épousai M. de Charnancé, qui était plus âgé que moi... Cependant je l'estimais... je l'aimais... et ta naissance vint augmenter encore notre bonheur, quand tout-à-coup la révolution éclata. M. de Charnancé avait été mousquetaire... et quand il vit les changemens introduits en France... il ne put les supporter, il émigra en me disant que ce n'était qu'une promenade et qu'il reviendrait bientôt... la promenade s'est prolongée, et aujourd'hui qu'il voudrait rentrer dans sa patrie, il ne le peut plus.

HENRIETTE. Vous m'aviez dit qu'on faisait des démarches en sa faveur?

Mme DE CHARNANCÉ. Sans doute... mais obtenir sa radiation de la liste des émigrés, c'est très-difficile....

HENRIETTE. Moi, d'abord, je me fais une fête de le voir... de l'embrasser... Quand il est parti, j'étais trop jeune, je ne me rappelle pas ses traits... mais je me suis fait son portrait dans mon imagination... et quand il reviendra, je suis sûre que je le reconnaîtrai.

Mme DE CHARNANCÉ. Tu crois?

HENRIETTE. Mais voici l'heure de ma leçon, et M. Brulart n'est pas encore venu. C'est étonnant, vous qui étiez si triste autrefois de l'absence de mon père... eh bien! depuis que M. Brulart vous fait de si fréquentes visites... votre gaîté est presque revenue.

Mme DE CHARNANCÉ, *embarrassée.* C'est que M. Brulart est si bon... C'est le seul ami qui me console dans mon veuvage. N'a-t-il pas consenti à se charger du soin de gérer notre fortune?.. N'est-ce pas lui

qui veut bien diriger ton éducation?...
HENRIETTE. Moi aussi je l'aime beaucoup, quoiqu'il me gronde souvent... Mais vous conviendrez que M. le président est parfois d'une rigueur... par exemple, quand il reproche à M. Duhamel, ce juge qui vient quelquefois ici... de porter un habit vert-pomme et d'avoir des airs évaporés.. ce qui amène entre eux des scènes continuelles.
Mme DE CHARNANCÉ. Qui finiront mal, je vous en préviens... M. Brulart est entêté, sa place de président lui donne des droits; et, franchement, entre nous, M. Duhamel mériterait une réprimande...

SCENE II.

LES MÊMES, UN DOMESTIQUE, *puis* DUHAMEL.

LE DOMESTIQUE, *annonçant*. Le citoyen Duhamel.
Il sort.
DUHAMEL, *entrant*. Bonjour, belle dame... bonjour, mon enfant... J'arrive un peu tôt, n'est-il pas vrai?
Mme DE CHARNANCÉ. Du tout... nous parlions de vous...
DUHAMEL. Trop aimable, en vérité..... Moi, de mon côté, je me suis occupé toute la journée de vos plaisirs.
Mme DE CHARNANCÉ. Comment?
DUHAMEL. Tenez, regardez ce que je vous apporte... (*Tirant une lettre de sa poche.*) Eh bien! vous ne devinez pas?
Mme DE CHARNANCÉ. Non, vraiment.
DUHAMEL. Une invitation pour le bal que doit donner le maire; car c'est décidé, c'est officiel... le maire prépare un bal... l'autorité veut que nous nous amusions... Nous entrerons dans des voies nouvelles...
HENRIETTE. C'est bien gentil... d'avoir pensé à nous!
Mme DE CHARNANCÉ. J'ai toujours admiré en vous ce zèle, cette activité...
DUHAMEL. C'est vrai, quand il s'agit de plaisir, car je vous avouerai que l'audience ne me plaît guère, rester assis, ça me fait mal, ça me donne des crampes... Et puis les raisonnemens des plaideurs, les témoins qui ne veulent pas parler, et les avocats qui parlent trop... Eh bien! belle dame, votre mari, y a-t-il quelque nouvelle?
Mme DE CHARNANCÉ. Aucune.
DUHAMEL. Cet excellent Charnancé! je m'intéresse à lui sans le connaître... c'est qu'il est fort à plaindre, savez-vous? Quand on possède une femme charmante..... comme la sienne... être éloigné... ne pouvoir l'aimer que par correspondance!

Mme DE CHARNANCÉ. À qui le dites-vous?
DUHAMEL. Quand je pense à cela, ça me fend le cœur; d'autant que dans ce moment, je ne sais pas si l'on s'en aperçoit, mais je suis dans une agitation... oui, c'est une affaire dans laquelle vous pouvez m'être très-utile, et vous êtes si bonne...
Mme DE CHARNANCÉ. Henriette?
HENRIETTE. Maman?
Mme DE CHARNANCÉ. Vous avez quelques ordres à donner... Avec la permission de monsieur...
HENRIETTE. Mais, maman... je ne me souviens pas...
Mme DE CHARNANCÉ. N'importe; sortez, vous dis-je.
HENRIETTE, *à part, avec joie.* Quel bonheur! j'irai donc au bal... (*Haut.*) Adieu, maman, au revoir, monsieur le conseiller... je vous remercie bien.
Elle sort.

SCENE III.

Mme DE CHARNANCE, DUHAMEL.

DUHAMEL. Vous voyez un homme au désespoir.
Mme DE CHARNANCÉ. Qu'y a-t-il donc de nouveau?
DUHAMEL. Il y a qu'il existe de par le monde un certain président Brulart.
Mme DE CHARNANCÉ. Vous avez eu avec lui de nouvelles discussions?
DUHAMEL. Vous connaissez mon caractère: je suis vif.... léger.
Mme DE CHARNANCÉ. Trop léger...
DUHAMEL. Eh bien! croiriez-vous qu'on s'est ligué contre moi... des jaloux, des envieux... Ils disent que je n'ai pas la contenance d'un juge... que je me mets comme un muscadin... que je fais du tort à la magistrature... tandis qu'au contraire je prouve qu'elle doit avoir du goût... ce qui ne peut pas lui nuire... je lui donne un vernis de bon ton et de belles manières, qui lui manquait absolument. Au lieu de fréquenter mes confrères, ces pédans... des gens empesés... je suis lié avec ce qu'il y a de plus aimable dans la ville, j'ai vécu dans l'intimité des différentes garnisons qui se sont succédé...
Mme DE CHARNANCÉ. Ce sont là des reproches.
DUHAMEL. Qui n'ont pas le sens commun... un magistrat doit tout voir... tout entendre... c'est un moyen de connaître l'homme et ses faiblesses... ça devrait même être exigé... ça le rendrait moins sévères... Ah! si j'étais gouvernement! mais il y a des gens qui ne comprennent

SCÈNE III.

rien; qui ont des idées étroites... comme notre président, par exemple.

Mme DE CHARNANCÉ. Pouvez-vous parler ainsi d'un homme respectable, de notre ami?

DUHAMEL. Je ne conteste pas ses qualités... il n'en est pas moins vrai que depuis un an qu'il est arrivé, je ne sais d'où, pour être notre président... il n'y a plus moyen de vivre... on ne respire plus, parole d'honneur... ce sont tous les jours de nouveaux sermons, de nouvelles mercuriales... Il a déclaré la guerre même à la couleur de nos habits... il voudrait que nous fussions en noir de la tête aux pieds, un deuil perpétuel... Vous conviendrez que ce n'est pas soutenable, et qu'on se révolterait à moins.

Mme DE CHARNANCÉ, *effrayée*. Par exemple, se révolter...

DUHAMEL. Moi, je veux être libre de danser, de rire... (*Il rit.*) Ah! ah! ah! Qu'est-ce que cela lui fait? Eh bien! non, il paraît que ça lui fait quelque chose, et c'est précisément à ce sujet-là que je voulais vous consulter... vous demander votre protection, (*avec intention*) oui, madame la baronne... car je crois que je puis risquer à huis clos ce titre proscrit.

Mme DE CHARNANCÉ, Baronne!... attendez donc; c'est qu'il y a si long-temps qu'on ne m'a donné ce titre-là!

DUHAMEL. Ah! divine baronne, vous seule pouvez me tirer d'un fort mauvais pas... J'ai commis une inconséquence.

Mme DE CHARNANCÉ. Vous, mon cher conseiller?

DUHAMEL. Je me suis laissé égarer par ma sensibilité naturelle... vous me comprenez?

Mme DE CHARNANCÉ. Du tout.

DUHAMEL. Parmi les personnes aimables dont je vous parlais, il y a une femme... votre pudeur n'a pas à s'alarmer, c'est une simple grisette.

Mme DE CHARNANCÉ. Une grisette, y pensez-vous?

DUHAMEL. Nommée Paméla, dix-huit ans et beaucoup de principes... mais la jeunesse, c'est sans expérience... les mauvais exemples... les mauvais conseils... bref, j'ai voulu protéger cette jeune plante, la mettre à l'abri des vents et des orages.

Mme DE CHARNANCÉ. Il n'y a pas de mal à cela.

DUHAMEL. C'est ce que ma conscience me disait... mais un soir... que je lui faisais encore plus de morale qu'à l'ordinaire, tout en lui donnant le bras...

Mme DE CHARNANCÉ. Oh! vous lui donniez le bras?

DUHAMEL. Mon Dieu, oui!... pour être plus près d'elle... pour que les idées de vertu que je lui exprimais eussent moins de distance à parcourir et ne se perdissent pas en chemin..... Voilà qu'au détour d'une rue... je me trouve face à face, avec qui... je vous le demande... avec notre maudit président... qui me lance un regard furieux... Je me trouble... il faut rendre justice à Paméla, elle aurait bien voulu s'évanouir; mais le lieu n'était pas favorable.

Mme DE CHARNANCÉ. Et le président?

DUHAMEL. Il ne dit rien, ne voulut pas entendre ma justification: rentré chez lui, il rédigea un rapport où il m'accusait d'inconduite, de légèreté... et aujourd'hui, il y a une heure, je viens d'apprendre que je suis suspendu de mes fonctions pendant six mois.

Mme DE CHARNANCÉ. Suspendu!

DUHAMEL. Vous m'accorderez que c'est du dernier ridicule...

AIR : *Vaudeville de l'Apothicaire.*

Chèrement il faut expier
Un simple acte de complaisance.
On fait, je vois, un sot métier
Quand on protége l'innocence.
Mais quel affreux malentendu
Et quel malheur, je le répète,
Qu'un magistrat soit suspendu
Pour la vertu d'une grisette.

Paméla ne s'en consolera de sa vie... Elle n'a jamais fait de mal à personne... au contraire.... et c'est pour cela, madame la baronne, que je suis venu vous trouver, afin que vous arrangiez cette affaire-là... Deux mots de vous au président, sur lequel vous avez tant de crédit... et ma disgrâce aura cessé.

Mme DE CHARNANCÉ. Mais je ne sais trop si je dois me permettre...

DUHAMEL. Vous réussirez, je vous l'assure; les femmes ont tant de moyens de séduction, vous surtout... et le président, ébloui, subjugué, se laissera fléchir... c'est que c'est très-important pour moi. Parbleu, s'il ne s'agissait que de ne pas aller à l'audience... j'accepterais le châtiment... mais mes appointemens se trouvent aussi suspendus; et moi qui naturellement, dans ma position et avec mon amabilité, ai besoin de beaucoup d'argent... vous voyez d'ici mon embarras.

Mme DE CHARNANCÉ. Allons, voyons, je parlerai.

DUHAMEL. Ah! vous êtes un ange!
Il lui baise la main.

Mme DE CHARNANCÉ. Finissez donc; c'est M. le président...

DUHAMEL. C'est juste, il serait scandalisé... Comme il est plongé dans la rêverie... Je gage qu'il médite quelque nouvelle réforme.

SCENE IV.
Les Mêmes, LE PRÉSIDENT.

LE PRÉSIDENT, *sans voir personne.* Telles sont les conséquences de la mauvaise conduite... de l'immoralité... de l'adultère... Ah! messieurs...

Mme DE CHARNANCÉ, *riant.* Ah! ah! ah!

LE PRÉSIDENT, *sortant de sa rêverie.* Pardon... je n'avais pas d'abord aperçu... (*Saluant.*) Madame...

DUHAMEL. Ce n'est pas étonnant, vous faisiez le résumé des débats...

LE PRÉSIDENT. Dieu me pardonne! c'est M. Duhamel, et dans quel état, grand Dieu!

DUHAMEL. Qu'ai-je donc d'extraordinaire?

LE PRÉSIDENT. Un pareil costume..... fi donc!

DUHAMEL. Comment, fi donc? Une redingote dans le dernier goût, et qui m'a été envoyée par mon tailleur de Paris.....

LE PRÉSIDENT. Un tailleur de Paris..... vous devriez rougir... Qui pourrait reconnaître Thémis sous ce déguisement...... en cravate de fantaisie et la cravache à la main?....

DUHAMEL. Il est vrai que c'est un peu négligé, et j'en demande pardon à Mme la baronne; mais j'étais parti ce matin avec des amis pour faire une promenade à cheval.

LE PRÉSIDENT. Une promenade à cheval... les anciens magistrats montaient sur des mules, et encore ils mettaient leurs valets en croupe.

DUHAMEL. J'étais donc parti pour une promenade à cheval..... et en revenant, nous nous sommes arrêtés sur la place.... au café.

LE PRÉSIDENT. O scandale! un juge au café!

DUHAMEL. Allons, le voilà parti; comment, corbleu...

Mme DE CHARNANCÉ, *effrayée.* Monsieur Duhamel!

LE PRÉSIDENT. Abomination!... un juge qui jure.

DUHAMEL, *à part.* Ne lui répondons rien.

LE PRÉSIDENT, *furieux.*

AIR: *Bonjour, mon ami Vincent.*

Aujourd'hui tout se corrompt.

DUHAMEL.
Il commence son antienne.

LE PRÉSIDENT.
Plus de décence, on répond
Que c'est de l'histoire ancienne.
Les huissiers ont des pantalons,
Les juges des tire-bouchons.
La perruque, qu'on en convienne,
Valait bien mieux que tout cela.

DUHAMEL, *achevant l'air, à part.*
Et patati, et patata,
Tu crois donc qu'on t'écoutera?

Mme DE CHARNANCÉ. Allons, voyons, ne vous fâchez plus et écoutez-moi... Monsieur vient ici me prier d'intercéder en sa faveur... d'obtenir que la mesure qui a été prise contre lui soit révoquée.

LE PRÉSIDENT. Désolé de vous refuser... mais c'est impossible.

DUHAMEL. Impossible?

Mme DE CHARNANCÉ. Je vous le disais bien.

LE PRÉSIDENT. Il faut un exemple... il faut un grand exemple... Le nouveau gouvernement tient surtout à rendre à la magistrature ce lustre, cet éclat qu'elle avait autrefois... La morale est aujourd'hui d'autant plus en honneur que pendant quelque temps..... Enfin on ne veut plus de magistrat, la cravache à la main et donnant le bras...

DUHAMEL. Je ne vois pourtant pas que Paméla en elle-même...

LE PRÉSIDENT. Quel nom osez-vous prononcer devant moi?

Mme DE CHARNANCÉ. Mais, monsieur le président...

LE PRÉSIDENT. Qu'on ne m'en parle plus!

DUHAMEL. Soit, n'en parlons plus; moi, d'abord, je suis bon enfant.. et je ne vous garde pas rancune. (*A part.*) Dieu! si je pouvais me venger! (*Haut.*) J'espère que Mme la baronne, malgré ma disgrâce, voudra bien me recevoir quelquefois.

Mme DE CHARNANCÉ. Comment donc, mon cher conseiller?...

LE PRÉSIDENT. Croyez que moi-même je suis fâché d'être obligé...

DUHAMEL. J'en suis persuadé... (*A part.*) Vieil hypocrite!... (*Haut.*) Pour vous prouver que je suis toujours le même..... et que je cherche toutes les occasions de vous être agréable, je vous annonce une visite qui vous fera plaisir...

Mme DE CHARNANCÉ. Une visite...

DUHAMEL. Un de mes amis intimes, un officier du nouveau régiment...

LE PRÉSIDENT. Mais permettez... Quand on a une fille à marier.

Mme DE CHARNANCÉ. Le président a raison.

DUHAMEL. Vous verrez..... Un garçon charmant, nous avons fait connaissance en buvant un demi-bol de punch. Dans la conversation, j'ai prononcé votre nom, madame la baronne... lui m'a exprimé le désir de vous être présenté, à quoi j'ai consenti en bon garçon que je suis... et il a été convenu que je le précéderais ici et que je vous annoncerais sa visite...

LE PRÉSIDENT, *bas à M*^me *de Charnancé.* Vous conviendrez qu'on n'est pas plus inconséquent...

SCÈNE V.
Les Mêmes, HENRIETTE.

HENRIETTE, *accourant.* Maman, maman, j'étais dans ma chambre, et j'ai entendu qu'on vous demandait... On a dit en bas... que vous y étiez... Ah! bon ami!...

Elle va embrasser le Président.

DUHAMEL. C'est lui... c'est mon protégé...

Mme DE CHARNANCÉ. Ne pas recevoir ce jeune homme, ce serait d'une impolitesse... (*A Henriette.*) Rentrez, ma fille.

LE PRÉSIDENT. Il n'est plus temps.

UN DOMESTIQUE, *annonçant.* M. Arthur Delaunay.

Il sort.

SCÈNE VI.
Les Mêmes, ARTHUR.

LE PRÉSIDENT, *à part.* Est-il possible!

Mme DE CHARNANCÉ. Ce nom...

ARTHUR. Ne vous est pas inconnu, n'est-il pas vrai, madame?

Mme DE CHARNANCÉ. C'est celui du neveu de mon mari.

ARTHUR. C'est le mien.

HENRIETTE. Quel bonheur!

DUHAMEL. Son neveu! et moi qui croyais le présenter... C'est donc une surprise que vous me ménagiez?

ARTHUR. A peu près... Oui, madame, ce neveu que vous ne connaissiez pas, le hasard l'a amené dans cette ville, où il ignorait que vous habitassiez, et quand, hier, il a appris de monsieur des détails qui ne lui ont plus permis de douter de votre présence à Amiens, il s'est hâté de venir vous présenter ses hommages.

Mme DE CHARNANCÉ. Et il est le bien venu.

LE PRÉSIDENT. Sans doute. (*A part, à Duhamel.*) Il est très-bien, ce jeune homme.

HENRIETTE, *qui a entendu.* N'est-ce pas?

LE PRÉSIDENT, *d'un ton sévère.* Mademoiselle!

ARTHUR. Je n'ignore pas que des divisions ont éclaté entre ma mère et son frère, M. de Charnancé. Mlle de Charnancé avait épousé M. Delaunay, qui a suivi le parti de la révolution... et M. de Charnancé a émigré... a porté les armes... mais tout doit être oublié... Tôt ou tard, il faut l'espérer, nous obtiendrons la grâce de mon oncle... c'est alors que nous serons tous heureux... mais, en attendant, je vous demanderai votre amitié.

Mme DE CHARNANCÉ. Elle vous est acquise.

ARTHUR. Et la permission de faire plus ample connaissance avec ma cousine.

Mme DE CHARNANCÉ. Vous la connaissiez déjà?

ARTHUR. Il y a quelque temps, je fis un premier séjour dans cette ville en allant rejoindre mon régiment, qui était en garnison à Lille... c'est à cette époque que j'eus le bonheur de voir Mlle Henriette...

HENRIETTE. Dans notre belle promenade de la Hautoye!

ARTHUR. Mais j'ignorais alors quelle était sa famille... et jugez de ma joie... quand, défilant avec mon régiment, je la reconnus hier à cette fenêtre.

HENRIETTE. Moi, je vous avais reconnu aussi...

LE PRÉSIDENT, *sévèrement.* Eh bien!

ARTHUR. C'est par monsieur (*montrant Duhamel*) que j'appris que la mère de mademoiselle était ma propre tante.

HENRIETTE. Et vous resterez bien long-temps ici?

ARTHUR. Je l'espère... Malheureusement nous remplissons un bien triste devoir...

LE PRÉSIDENT. Que voulez-vous dire?

ARTHUR. Notre régiment est envoyé dans cette province pour surveiller les mouvemens d'un grand nombre d'émigrés qui sont rentrés furtivement... de les arrêter... et, je frémis d'y penser... de les fusiller...

LE PRÉSIDENT. De les fusiller!... Et s'ils sont inoffensifs, s'ils n'ont voulu que revoir leur pays?

ARTHUR. La loi est formelle...

Mme DE CHARNANCÉ. O ciel!

LE PRÉSIDENT. Ce n'est pas une plaisanterie?

ARTHUR. Mais il faut espérer que le cas ne se présentera pas, ce serait un devoir trop pénible à remplir... pendant mon séjour ici, je n'aurai qu'à songer au plaisir...

DUHAMEL. Ce qui vaut mieux... et puisqu'il est reconnu que vous êtes le neveu de Mme de Charnancé... raison de plus pour que je vous protége... Vous aimez le plaisir... eh bien! je vous lancerai dans les meilleures sociétés, je vous ferai connaître les gens les plus aimables... Ah! quand je me mêle de quelque chose...

LE PRÉSIDENT, *à part.* Malheureux jeune homme!

Mme DE CHARNANCÉ. Ma maison est la vôtre... et comme il faut que vous connaissiez votre propriété, venez visiter mon jardin.

ARTHUR. Justement j'adore les jardins.

Mme DE CHARNANCÉ, à *Arthur.*

AIR : *Gymnasiens.*

Venez, venez visiter mon parterre,
Et ma cascade et mon jet d'eau ;
Jamais vraiment, foi de propriétaire,
Vous n'aurez rien vu de plus beau.
Lui montrant le jardin.
Voyez d'ici ma superbe avenue,
Le joli kiosque et les charmans bosquets.

ARTHUR, *regardant Henriette.*

Et sans compter encore un point de vue
Dont, pour ma part, je me contenterais.

ENSEMBLE.

HENRIETTE.

Venez, venez visiter le parterre,
Et la cascade et le jet d'eau ;
Jamais vraiment, foi de propriétaire,
Vous n'aurez rien vu de plus beau.

ARTHUR.

Allons, je vais visiter son parterre,
Et sa cascade et son jet d'eau ;
Et si j'en crois une propriétaire,
Non, sous le ciel, il n'est rien de plus beau.

SCENE VII.

ARTHUR, LE PRÉSIDENT.

LE PRÉSIDENT, *retenant Arthur.* Un instant, s'il vous plaît.

ARTHUR, *étonné.* A qui ai-je l'honneur de parler?

LE PRÉSIDENT. Au président du tribunal.

ARTHUR, *à part.* Diable! est-ce que par hasard j'aurais quelque mauvaise affaire?

LE PRÉSIDENT. Vous êtes jeune, sans expérience.

ARTHUR. Vous êtes trop aimable !

LE PRÉSIDENT. Hélas! à votre âge on est entouré de pièges, d'embuches de toute nature. Voilà ce que vous dirait votre oncle, s'il était ici.

ARTHUR. Vous croyez ?

LE PRÉSIDENT. Et il ajouterait : Méfiez-vous de M. Duhamel et des sociétés dans lesquelles il veut vous conduire... c'est un homme très-léger, très-dissipé... et la dissipation, c'est la perte de la jeunesse.

ARTHUR, *à part.* Ah çà ! mais c'est un sermon qu'il me débite là... (*Haut.*) Et puis-je savoir le motif qui vous engage à me donner de pareils conseils ?

LE PRÉSIDENT. Donnez-moi la main, jeune homme.

ARTHUR. Volontiers !

LE PRÉSIDENT. C'est qu'Henriette, mon élève, est charmante, savez-vous? Et si vous êtes un honnête homme et un bon garçon...

ARTHUR. Eh bien?

LE PRÉSIDENT. Je n'en dis pas davantage; il faut que je rejoigne Mme la baronne, que je lui fasse mes adieux, avant de regagner mon domicile. Surtout n'oubliez pas mes conseils, n'allez pas devenir un mauvais sujet... (*A part.*) Ce serait dommage.

Il sort.

SCENE VIII.

ARTHUR, *puis* DUHAMEL.

ARTHUR. Le singulier homme ! Pourtant il me parlait avec un air de bonté... Oui, mais venir me faire un cours de morale... à moi, un militaire ; ça n'a pas le sens commun.

DUHAMEL. Eh bien ! mon jeune ami, vous n'étiez pas avec nous... vous n'avez pas admiré la cascade de Mme la baronne... trois pieds de haut et cinq minutes de durée... vous n'avez pas contemplé ses charmilles ; vous n'êtes pas tombé en extase devant ses abricotiers... Enfin vous n'avez pas la moindre notion du genre propriétaire..... le plus beau type connu, après celui de faiseur de morale, bien entendu. Ah ! j'y suis ; vous êtes resté ici avec M. le président, que j'ai vu sortir de ce salon. Je suis sûr qu'il vous a parlé de morale, de vertu... ce qu'il y a d'extraordinaire, c'est que ce maudit homme a pris un ascendant terrible sur certaines ames faibles et timorées... Votre tante, par exemple, Mme de Charnancé, elle ne parle que par lui, n'entend que par lui, ne voit que par lui ; et vous qui, en l'absence de votre oncle, deviez avoir ici quelque crédit, vous n'en aurez aucun, je vous préviens. Et cette pauvre Mlle Henriette !... comme il la tyrannise... c'est horrible à voir ! On dit même qu'on va rouvrir les couvens, et que son projet est d'y faire entrer Mlle de Charnancé.

ARTHUR. Mais c'est une horreur, une abomination, qu'un homme comme cela !

DUHAMEL. Si au moins il était de bonne foi ; si, tandis qu'il se fait le censeur de tous les autres, il était lui-même à l'abri des reproches !

ARTHUR. Est-ce qu'on aurait contre lui des soupçons ?

DUHAMEL, *mystérieusement.* Mieux que cela... Chut !... silence !... c'est un hypocrite... un tartufe.

ARTHUR, *avec joie.* Vrai?

DUHAMEL. Apprenez donc que ce magistrat si moral, si vertueux, rentre chez lui tous les soirs de bonne heure...

ARTHUR. Mais je ne vois pas le mal...

DUHAMEL. Soyez donc patient... Il faut lui rendre justice, il rentre.... mais une personne de mes amis, qui demeure en face de lui, le voit sortir presque aussitôt, et comme un homme qui va en bonne fortune.

ARTHUR. Bah!

DUHAMEL. C'est plaisant, n'est-il pas vrai?

ARTHUR. C'est très-plaisant.

DUHAMEL, *riant.* Ah! ah! ah!

ARTHUR. Ah! ah! ah!

DUHAMEL. Vous comprenez que pour nous, qui avons à nous venger de lui, c'est une découverte très-intéressante ; et c'est là-dessus que nous avons fondé un complot.

ARTHUR. Un complot contre lui!.... j'en suis.

DUHAMEL. L'exécution aura lieu ce soir même.

ARTHUR. Tant mieux.

DUHAMEL. Nous sommes une vingtaine de conspirateurs...Quand le président sera rentré chez lui, nous nous mettons en embuscade.

ARTHUR. Bien!

DUHAMEL. Nous attendons qu'il sorte...

ARTHUR. Et alors nous commençons le plus horrible charivari...

DUHAMEL. Vous n'y êtes pas. L'un de nous se détache et le suit pas à pas... afin de savoir quel est l'heureux objet... C'est qu'une bonne fortune de président, ça doit être drôle!

ARTHUR. Mais permettez : je ne sais trop...

DUHAMEL. Laissez donc... ce n'est qu'une simple plaisanterie... une mystification très-innocente... Le président, effrayé du scandale, et bien convaincu qu'il est démasqué, n'osera plus nous tyranniser comme auparavant; et Mme de Charnancé, à qui nous ferons connaître les détails de l'aventure, reviendra tout-à-fait sur son compte. Silence! voici Mme la baronne... le président aussi... Il ne se doute guère de ce qu'on lui prépare.

SCENE IX.

LES MÊMES, Mme DE CHARNANCÉ, LE PRÉSIDENT, HENRIETTE.

LE PRÉSIDENT, *entrant.* Oui, mademoiselle, c'est mal, c'est très-mal.

HENRIETTE. Mais, mon bon ami...

Mme DE CHARNANCÉ. Mais, monsieur le président...

DUHAMEL, *bas à Arthur.* Vous l'entendez, il gronde tout le monde. (*Haut.*) De quoi s'agit-il donc?

LE PRÉSIDENT. Madame a permis à mademoiselle d'aller au bal.

DUHAMEL. Eh bien?

LE PRÉSIDENT. Comment! vous ne comprenez pas que le bal amène le goût de la parure; que la coquetterie...

DUHAMEL. J'ai la promesse de madame la baronne...

LE PRÉSIDENT. Madame est parfaitement libre ; mais cependant...

Mme DE CHARNANCÉ. Allons, voyons, puisque cela vous fâche, elle n'ira pas.

HENRIETTE. Non, mon bon ami, je n'irai pas... Qu'est-ce que cela me fait, à moi? (*A part.*) Et ma toilette qui était si jolie! Et mon cousin qui m'aurait vue!

Mme DE CHARNANCÉ. Comment, mon neveu, vous n'êtes pas venu?

ARTHUR. Pardon, ma tante, mais une affaire avec monsieur (*montrant Duhamel*). (*Bas à Duhamel.*) Est-ce ainsi qu'on lui cède toujours? Patience, son règne finira bientôt.

DUHAMEL, *de même.* Quand je vous disais que c'était un vrai Néron.

LE PRÉSIDENT, *regardant à sa montre.* Déjà neuf heures... et je ne suis pas encore rentré... moi qui aime à me coucher de bonne heure!

DUHAMEL, *à part.* Sycophante!

LE PRÉSIDENT. Je suis sûr que Brigitte, ma servante, est d'une inquiétude!... Madame la baronne, je vous présente mes respects ; bonsoir, mademoiselle Henriette.

HENRIETTE. Bonsoir, bon ami.

DUHAMEL, *au président.* Monsieur le président, je vous accompagnerai jusque chez vous : c'est à deux pas d'ici. (*Bas à Arthur.*) Je serai tout porté pour notre embuscade.

Mme DE CHARNANCÉ, *à Arthur.* Mon neveu, nous nous verrons demain à déjeuner.

ARTHUR. Oui, ma tante. (*A part.*) Il faut espérer que d'ici là il y aura des nouvelles. (*Bas à Henriette.*) Soyez tranquille, on veille sur vous, et vous serez bientôt délivrée.

HENRIETTE, *étonnée.* Que veut-il dire?

LE PRÉSIDENT. Eh bien! partons-nous!

AIR : *Walse du Mari par intérim.*

Bonsoir...

DUHAMEL.

Bonsoir, madame la baronne.

LE PRÉSIDENT, *baisant la main de Mme de Charnancé.*
A Henriette.
Vous permettez ? Et vous, ma chère enfant,
L'entendez-vous, c'est la cloche qui sonne,
Du couvre-feu déjà voici l'instant.

DUHAMEL, *bas à Arthur.*
Pour une veuve au cœur un peu sensible,
Ah ! ce doit être un bien cruel moment,
Quand chaque soir revient l'heure terrible
Où commence l'isolement.

ENSEMBLE.
LE PRÉSIDENT, Mme DE CHARNANCÉ, HENRIETTE.
Bonne nuit donc, il faut que l'on se quitte,
Oui, tous les jours, tel est notre destin.
Ah! dormons bien, et surtout dormons vite,
Pour nous revoir plus tôt demain matin.

DUHAMEL.
Bonne nuit donc, il faut que l'on se quitte ;
A Arthur.
Le voyez-vous, il prend l'air patelin ;
Secondez-moi, mon cher, de l'hypocrite
Le masque tombe avant demain matin.

ARTHUR.
Bonne nuit donc, il faut que l'on se quitte ;
Oui, je le vois, il prend l'air patelin ;
Mais, grâce à nous, mon cher, de l'hypocrite
Le masque tombe avant demain matin.

Le président, Duhamel et Arthur saluent la baronne et sortent.

SCÈNE X.
Mme DE CHARNANCÉ, HENRIETTE.

HENRIETTE, *les suivant.* Ah! maman, que je suis heureuse ! Conçoit-on que ce jeune homme que j'avais remarqué, ce soit précisément mon cousin ? Il y a des gens qui ne croient pas à la sympathie !

Mme DE CHARNANCÉ. Mais il est temps de rentrer dans ta chambre, mon enfant. J'ai besoin d'être seule... j'ai des comptes à régler.

HENRIETTE. Et moi qui ai tant de choses à vous dire !.. Tous les soirs vous me renvoyez de la même manière.

Mme DE CHARNANCÉ. Obéissez, vous dis-je.

HENRIETTE, *pleurant.* Oui, maman. Est-ce que vous allez m'enfermer comme à l'ordinaire ?

Mme DE CHARNANCÉ. Sans doute, la prudence le veut ainsi ; je t'ai déjà dit mes raisons.

HENRIETTE. Non, maman.

Mme DE CHARNANCÉ. N'importe, je le veux ; il suffit.

HENRIETTE. Bonne nuit, maman. (*A part.*) Pour me venger je ne dormirai pas ; je ne ferai que penser à lui. (*Haut.*) N'oubliez pas de me délivrer demain matin, n'est-ce pas ?

Mme DE CHARNANCÉ, *poussant le verrou de la porte de la chambre d'Henriette.* Enfin elle est partie ! à présent je n'ai plus peur. Je craignais toujours que le signal ne se fît entendre... écoutons bien... Rien encore.... (*On entend frapper trois coups à la porte à droite. Avec joie.*) Cette fois c'est bien lui... (*A voix basse.*) Entrez, il n'y a rien à craindre ; je suis seule.

SCÈNE XI.
Mme DE CHARNANCÉ, LE PRÉSIDENT.

Mme DE CHARNANCÉ. Eh bien ! avez-vous pris les précautions nécessaires ?

LE PRÉSIDENT, *déposant son manteau.* Toutes.

Mme DE CHARNANCÉ. Et personne ne vous a vu ?

LE PRÉSIDENT. Personne.

Mme DE CHARNANCÉ, *allant à lui.* Ce cher président !

LE PRÉSIDENT. Qui croirait qu'il y a ici un mari en bonne fortune chez sa femme ?

Mme DE CHARNANCÉ. Et combien durera cette odieuse contrainte ? C'est votre faute, monsieur de Charnancé, c'est votre très-grande faute.

LE PRÉSIDENT. J'aurais voulu vous voir dans ma position. Entouré de tous mes amis, de gens de ma classe... qui partaient, car tout le monde partait dans ce temps-là... et moi, je partis aussi... mais qui m'aurait dit que cette France, qui nous semblait si détestable, nous apparaîtrait si belle à travers les brouillards de l'Allemagne, et que moi, le baron de Charnancé, je soupirerais après la vue de mon clocher, comme un simple paysan ? D'ailleurs n'étais-je pas marié à une femme toute jeune, toute charmante... qui avait bien voulu m'aimer malgré mes cheveux gris ? Raison de plus pour me hâter... avant qu'ils devinssent tout-à-fait blancs ; aussi, en pensant au temps perdu, je n'y tenais plus, je séchais sur pied.

Mme DE CHARNANCÉ. Mais rentrer en France n'était pas facile.

LE PRÉSIDENT. Sans doute, puisqu'ils avaient fait une loi qui, sans égard aux caractères et aux circonstances, nous condamnait tous indistinctement, même ceux qui, comme nous, n'avaient fait que suivre le torrent, et avaient agi en vrais moutons de Panurge.

Mme DE CHARNANCÉ. Heureusement que vous aviez un véritable ami.

LE PRÉSIDENT. Un excellent homme, dont les principes étaient différens des

SCÈNE XI.

miens ; ce qui lui avait valu un emploi important dans la nouvelle république.

Mme DE CHARNANCÉ. C'est à lui que nous dûmes votre délivrance.

LE PRÉSIDENT. A lui... et au hasard, qui m'avait donné deux noms : l'un que je portais avec fierté, Charnancé... mon nom de noblesse ; l'autre dont je rougissais presque, Brulart... Eh bien! c'est ce dernier qui me sauva ; personne ne connaissait Brulart, et il fut facile à mon généreux protecteur de me procurer des papiers à l'aide desquels je pus revoir ma femme, cette chère Amélie, qui commençait à s'impatienter un peu de mon absence ; et sans mettre ma fille dans le secret de ma double position, m'occuper de son éducation et préparer son avenir, tout en gardant l'incognito : situation qui, par parenthèse, a bien son mérite.

Mme DE CHARNANCÉ. Je ne suis pas sans inquiétude ; car enfin si l'on découvrait la vérité?... Vous avez entendu Arthur vous dire que son régiment était envoyé ici pour... ah ! je frémis d'y penser.

LE PRÉSIDENT. Nos mesures n'ont-elles pas été très-bien prises? D'abord nous sommes venus habiter cette province éloignée de celle où, tôt ou tard, j'aurais été reconnu ; tandis que vous portez toujours ce nom de Charnancé qui m'a été si funeste, moi, sous celui de Brulart, je suis devenu avocat, juge, président ; je loge à l'autre extrémité de la ville... toute la journée nous sommes étrangers l'un à l'autre ; chaque soir nous nous réunissons comme aujourd'hui.

Mme DE CHARNANCÉ. Mais cette rigueur excessive que vous déployez en toute circonstance peut vous faire des ennemis ; ils peuvent concevoir des soupçons ; et des soupçons à la certitude il n'y a souvent qu'un pas... aujourd'hui, par exemple, pourquoi vous êtes-vous montré si sévère envers M. Duhamel?

LE PRÉSIDENT. Ma chère amie, quand on a une fille et qu'on craint pour elle les mauvais principes, les mauvais exemples, on devient sévère en diable, ne l'eût-on pas été toujours pour soi-même.... d'ailleurs quand on est président on a des devoirs, et mes instructions sont positives.

Mme DE CHARNANCÉ. Au fond, c'est un excellent homme..... Avez-vous songé au tort que vous lui faites en le privant de ses appointemens ?

LE PRÉSIDENT. Le président ne pouvait se laisser fléchir ; mais l'ancien mousquetaire Charnancé avait le droit d'être attendri, et il l'a été.

Mme DE CHARNANCÉ. Que voulez-vous dire?

LE PRÉSIDENT. Je ne puis ni ne dois m'expliquer.... Qu'il vous suffise de savoir que, voulant accorder ma fermeté comme président et ma faiblesse comme homme, j'ai trouvé un moyen de dédommager M. Duhamel du tort que j'ai été forcé de lui faire... et un moyen assez heureux... j'ose le croire. Mais quant aux dangers dont vous parliez tout-à-l'heure, s'il est vrai que j'y sois encore exposé, je les attends de pied ferme... Je suis si bien ici... près de ma femme, près de mon Henriette, qui chaque jour devient plus jolie, le portrait vivant de sa mère ! Ma foi, regrettera qui voudra l'Allemagne et ses tavernes enfumées.

AIR *de la Colonne.*

Ah! puisque enfin j'ai retrouvé la France
Et ma femme, je m'en tiens là.
Plus de voyage, et, j'en ai l'espérance,
Rien à présent ne m'en séparera ; *(bis.)*
Auprès de toi, ma bonne et douce amie,
De mon pays je me souviens toujours ;
Quand je t'embrasse au sein de nos amours,
Je crois rentrer dans ma patrie.

Il l'embrasse.

Mme DE CHARNANCÉ, *on frappe à la porte.* Hein ! quel est ce bruit?

DUHAMEL, *dans la coulisse.* Ouvrez, madame la baronne.

Mme DE CHARNANCÉ. C'est la voix de M. Duhamel.

LE PRÉSIDENT. Le maudit homme !

Mme DE CHARNANCÉ. Comment faire? quel parti prendre? Il aura vu de la lumière à cette fenêtre, et si je ne lui ouvre pas, que va-t-il penser?

LE PRÉSIDENT. Qu'importe?

Mme DE CHARNANCÉ. Deux mots, et je le renvoie sur-le-champ... Mais, par pitié, venez vite.

Elle veut l'entraîner par la porte de droite.

LE PRÉSIDENT. J'ai laissé la clef en dehors, impossible d'ouvrir la porte...

On frappe encore.

Mme DE CHARNANCÉ. Ah ! là, dans cette armoire...

LE PRÉSIDENT. Vous voyez, je vous obéis ; mais ne me laissez pas trop long-temps, j'étouffe d'avance et par anticipation.

Mme DE CHARNANCÉ, *hors d'elle-même, fermant la porte.* Enfin.

Elle va ouvrir à Duhamel.

SCENE XII.

Mme DE CHARNANCÉ, DUHAMEL, LE PRÉSIDENT, *caché*.

DUHAMEL, *à la porte*. Je suis indiscret peut-être... ma foi, je n'y tenais plus, il faut absolument que je vous apprenne...

Mme DE CHARNANCÉ. Quoi donc?

DUHAMEL. Nous le tenons, madame la baronne, nous le tenons...

Mme DE CHARNANCÉ. Qui?

DUHAMEL. Le président.

Mme DE CHARNANCÉ. Vrai...

DUHAMEL. Au fait, il est juste que vous soyez une des premières à l'apprendre, vous qui le souteniez avec tant de chaleur.

Mme DE CHARNANCÉ. Eh bien! (*A part.*) Je meurs d'inquiétude... (*Haut.*) Expliquez-vous, de grâce.

DUHAMEL. Figurez-vous que depuis quelque temps une rumeur sourde s'était répandue dans la ville... on disait que le président s'absentait toutes les nuits.

Mme DE CHARNANCÉ, *troublée*. O ciel! La calomnie...

DUHAMEL. Vous avez raison, cela pouvait être de la calomnie; et pour nous en assurer... pour faire éclater son innocence au grand jour... nous avons préparé ce soir une embuscade...

Mme DE CHARNANCÉ. Une embuscade!...

DUHAMEL. Composée de moi et de quelques-uns de mes amis... une douzaine au plus...

Mme DE CHARNANCÉ. Ah! mon Dieu!

DUHAMEL. Vous savez que j'avais accompagné M. Brulart jusque chez lui... nous avions pris congé.... il nous croyait bien loin... mais j'étais revenu sous sa fenêtre; nous étions cachés par un mur... il ne pouvait nous voir, c'est alors que je l'ai vu sortir, en regardant avec soin autour de lui... mon rire, que je cherchais à étouffer, a failli me trahir. (*Avec un air de satisfaction.*) Hé! hé!

Mme DE CHARNANCÉ. Que voulez-vous conclure de tout cela?

DUHAMEL. Parbleu, c'est clair, c'est positif que le président allait chez une femme... qu'il se moquait de vous, de moi, de tout le monde avec ses airs de vestale. (*Riant.*) Ah! ah! ah!

Mme DE CHARNANCÉ.
Air *de la Sentinelle*.

Eh quoi! c'est vous qui l'accusez ainsi?
Ah! c'est vraiment une grande imprudence;
Car on se trompe, et dans ce monde-ci
Il ne faut pas juger sur l'apparence.

DUHAMEL.
Tous nos hommages lui sont dus,
Pour la morale on connaît ses tendresses;
Il est des gens qui sont bien vus;
Le jour éclaire leurs vertus,
Mais la nuit cache leurs faiblesses.

Mme DE CHARNANCÉ. Et sait-on le nom de la personne chez laquelle...

DUHAMEL. Malheureusement non, et c'est ce qui nous manque; vous entendez bien que nous ne pouvions le suivre en masse, c'eût été donner l'éveil; mais un des nôtres, un garçon adroit, intelligent, s'est lancé à sa poursuite, et il doit déjà avoir apporté des nouvelles au café où j'ai laissé ces messieurs.

Mme DE CHARNANCÉ, *effrayée*. Grand Dieu!

DUHAMEL. Eh bien! que dites-vous de mon aventure? Est-ce qu'elle ne vous semble pas plaisante?

Mme DE CHARNANCÉ, *d'un air contraint*. En effet.

DUHAMEL. J'étais sûr que ça vous ferait rire... Et l'héroïne de l'affaire... la Dulcinée de notre nouveau Don Quichotte?... Je la vois d'ici... quelque prude bien ridicule... car, comme dit le proverbe, qui se ressemble s'assemble. J'ai même là-dessus, moi qui me pique de poésie, composé un couplet impromptu, dont je n'ai laissé prendre copie qu'à cinq ou six de mes amis; parce que, dans ces choses-là... et quand il s'agit d'un supérieur, on ne saurait mettre trop de discrétion, et je vous prierai, madame la baronne, de garder le plus grand silence.

ARTHUR, *dans la coulisse*. Il faut absolument que je lui parle.

Mme DE CHARNANCÉ. C'est la voix d'Arthur.

DUHAMEL. Nous pouvons parler devant lui, il est aussi dans le secret.

Mme DE CHARNANCÉ. Lui, Arthur!

SCENE XIII.

LES MÊMES, ARTHUR.

ARTHUR. Ah! ma tante! ah! madame!

Mme DE CHARNANCÉ. Qu'avez-vous? d'où vient cet air agité?

ARTHUR. Je ne devrais pas vous le dire... mais c'est plus fort que moi... Apprenez donc que j'étais au café où m'a conduit M. Duhamel...

DUHAMEL. Après!

ARTHUR. Quand tout-à-coup, auprès de moi, votre nom a été prononcé...

Mme DE CHARNANCÉ. Mon nom?

ARTHUR. On a parlé des visites si fréquentes que vous rend M. le président... de votre intimité... et quelqu'un a prétendu l'avoir vu entrer ce soir chez vous à la dérobée...

Mme DE CHARNANCÉ, *à part.* Grands dieux!

DUHAMEL, *d'un air d'incrédulité.* Allons donc!

ARTHUR. C'est alors que, ne pouvant me contenir, je me suis levé, et je lui ai donné le démenti le plus formel, et demain nous nous battons.

Mme DE CHARNANCÉ. Arthur! qu'avez-vous fait?

DUHAMEL. Il a très-bien fait. Que diable, ce n'est pas une plaisanterie... et pour parler mal de madame de Charnancé, il faut être bien impudent, et, tranchons le mot, un drôle. (*S'approchant d'Arthur.*) Jeune homme! vous avez mon estime. Accuser la vertu la plus pure, c'est d'une invraisemblance; c'est d'une petitesse.

SCENE XIV.

LES MÊMES, LE PRÉSIDENT, *sortant de l'armoire.*

LE PRÉSIDENT, *pâle et défait.* Ouf! je n'en puis plus. J'étouffais.

DUHAMEL, *l'apercevant.* Ciel! que vois-je? le président!

ARTHUR. Malheureux, qu'ai-je fait?

LE PRÉSIDENT. Une minute de plus, et je suffoquais.

Mme DE CHARNANCÉ. Je suis anéantie.

DUHAMEL. Je tombe d'horreur et de stupéfaction... Comment, président, c'est vous!... Ah! fi! vous dis-je, fi! Et moi qui suis venu tout conter... à cette femme...

Mme DE CHARNANCÉ. Mais défendez-moi donc, monsieur.

LE PRÉSIDENT, *balbutiant.* Je ne souffrirai pas... certainement que... la respiration me manque... (*il tombe sur un fauteuil*) impossible de parler...

Mme DE CHARNANCÉ. Oh messieurs, ayez pitié d'une pauvre femme; les apparences sont contre moi, je le sais... et quand on aime son mari, c'est une situation bien pénible... Ah! mon Dieu! que faire? que devenir? (*Voyant qu'ils ne l'écoutent pas; à Arthur.*) Mon neveu, je vous en prie...

ARTHUR. Laissez-moi, madame.

Mme DE CHARNANCÉ, *à Duhamel d'un ton suppliant.* Monsieur Duhamel!...

DUHAMEL, *d'un air tragique.* Arrière, femme coupable, arrière...

Mme DE CHARNANCÉ. Je suis une femme perdue...

Elle tire le verrou de la chambre d'Henriette, et y entre précipitamment.

SCENE XV.

DUHAMEL, ARTHUR, LE PRÉSIDENT.

DUHAMEL, *avec explosion.* A nous deux, monsieur le président. Le voilà donc ce secret plein d'horreur?

LE PRÉSIDENT. Hein! plaît-il?

DUHAMEL. Ah! vous rentrez de bonne heure... C'est très-moral... et Brigitte, votre servante, doit être d'une inquiétude... Allez, vous devriez rougir de votre conduite.

LE PRÉSIDENT. Par exemple, et pourquoi cela?

DUHAMEL. Il demande pourquoi... quand on l'a surpris chez une femme mariée, et dans une armoire...

LE PRÉSIDENT. Mais permettez, monsieur Duhamel... je vous demanderai ce que cela vous fait?

DUHAMEL. Comment, qu'est-ce que cela me fait? Quand moi, le plus gai, le plus aimable de tous les hommes, vous m'avez fait maigrir, sécher sur pied... par vos remontrances continuelles... quand je voyais toujours votre figure sévère entre moi et le verre de punch que je portais à mes lèvres; savez-vous que cela crie vengeance? Mais j'espère bien qu'après ce qui s'est passé, on pourra rire, s'amuser, (*il rit*) ah! ah! ah! et que vous n'oserez plus dire un mot... Pardieu! on vous recevrait bien, si vous vous en avisiez.

LE PRÉSIDENT. C'est ce que nous verrons.

DUHAMEL. Je crois, Dieu me pardonne, qu'il me brave encore!... D'ailleurs, j'ai, pour être indigné de votre conduite, des motifs que vous ne connaissez pas.

LE PRÉSIDENT, *étonné.* Ah!

DUHAMEL. Ce matin, j'aimais M. de Charnancé d'instinct et sur sa réputation; mais à présent, c'est du dévouement, c'est de la reconnaissance.

LE PRÉSIDENT. Est-il possible?

DUHAMEL. Apprenez, monsieur Arthur, à connaître votre oncle... Vous savez que la plupart des débiteurs ont profité du malheur de l'époque pour nier leurs dettes, ou pour les payer en assignats, ce qui revient absolument au même. Mais lui, quelle différence! du fond de son exil, il s'est rappelé qu'il devait à mon père une somme dont je n'avais jamais entendu parler, pour laquelle je n'avais aucun titre.... Et si vous en doutez, voici sa lettre, par laquelle il reconnaît la créance.

LE PRÉSIDENT, *à part.* La lettre de mon notaire.

DUHAMEL. Précisément les cinquante louis que vous me faites perdre par mon interdiction.

LE PRÉSIDENT, à part. Soyez donc ingénieux à faire le bien. Décidément, tout tourne contre moi.

DUHAMEL. C'est un trait sublime. Et c'est à ce moment que j'apprends qu'il a été trompé, indignement trompé!... le pauvre homme, l'excellent homme!... les larmes m'en viennent aux yeux!...

LE PRÉSIDENT, à part. Au fond, il a bon cœur.

DUHAMEL. Et par qui, juste ciel!... par un Brulart, que je déteste autant que j'aime ce bon M. de Charnancé!

LE PRÉSIDENT. Allons, calmez-vous.

ARTHUR, se jetant entre eux deux. Monsieur!

DUHAMEL. Je vais ameuter tous les habitans contre lui ; je sais d'avance qu'ils sont très-mal disposés.

ARTHUR. Au nom du ciel!

DUHAMEL.

AIR : *Ne raillez pas la garde citoyenne.*

N'espérez pas m'arrêter davantage,
Tout vient ici redoubler mon ardeur;
Et, quand je pense à celui qu'on outrage,
Non, je ne puis maîtriser ma fureur.
Oui, pour prix de sa bienfaisance,
De le venger je dois être jaloux,
Et lui montrer de la reconnaissance
A force de haine pour vous.

REPRISE.

N'espérez pas, etc.

Il sort.

SCENE XVI.
ARTHUR, LE PRÉSIDENT.

ARTHUR, *s'approchant de Brulart*. Croyez, monsieur, que personne plus que moi ne désapprouve un pareil éclat; l'affaire a déjà eu trop de retentissement.

LE PRÉSIDENT, à part. En voilà un au moins qui prend bien les choses.

ARTHUR. Le mieux est de s'expliquer franchement et tranquillement.

LE PRÉSIDENT, *enchanté*. Bien, très-bien!

ARTHUR, *à voix basse*. Vos armes, monsieur?

LE PRÉSIDENT. Que dit-il?

ARTHUR. Je vous demande quelles sont vos armes.

LE PRÉSIDENT. C'est qu'une pareille question, au premier abord...

ARTHUR. Doit sembler toute naturelle... Ne suis-je pas le neveu de M. de Charnancé?... Et quand en son absence... un pareil outrage lui est fait... n'est-ce pas à moi à le venger?... Croyez-vous que si c'était moi qu'on eût insulté, il hésiterait un seul instant, lui?

LE PRÉSIDENT. Dam, je ne sais pas.

ARTHUR. Et moi, j'en suis sûr. Vous acceptez?

LE PRÉSIDENT. Du tout.

ARTHUR. Comment?

LE PRÉSIDENT, à part. Ce serait aussi trop absurde que ce fût moi qui à cause de moi-même... Que diable! il faut de la logique!

ARTHUR. Songez-vous à la position dans laquelle vous m'avez placé vis-à-vis de mes amis, de mes camarades... devant qui, tout-à-l'heure, je prenais la défense de Mme de Charnancé. Ainsi, monsieur, choisissez! Vous ne répondez pas?... Me forcerez-vous à en venir avec vous aux dernières extrémités?

LE PRÉSIDENT. Un instant, on accorde toujours une explication.

ARTHUR, *faisant un mouvement pour sortir*. Nous nous expliquerons sur le terrain et devant mes témoins.

LE PRÉSIDENT, à part. Des ennemis politiques. (*Haut.*) Et pourquoi pas ici, tout de suite?

ARTHUR. Impossible.

LE PRÉSIDENT. Apprenez donc...

ARTHUR. Je ne puis ni ne dois vous écouter.

LE PRÉSIDENT. Mais...

ARTHUR. Le rendez-vous est sur la grande place.... près du café... et si vous n'êtes pas exact, songez-y..... je viendrai vous chercher partout où vous serez.

Il sort vivement.

SCENE XVII.
LE PRÉSIDENT, seul.

C'est à perdre la tête!.... l'un m'accuse de séduction envers ma propre femme, et l'autre voudrait me tuer, sous prétexte de réparer mon honneur, comme si cela pouvait réparer quelque chose..... c'est une complication étrange! Charnancé, Brulart: Brulart, Charnancé.... Je sais bien que c'est moi qui suis le *mari*; et cependant, aux yeux de toute une ville, je suis le séducteur, le Lovelace. Ordinairement on laisse faire ces choses-là aux autres..... eh bien! non, c'est moi qui me suis déshonoré.... qui me suis fait ce que je redoutais tant d'être... c'est-à-dire ridicule... et quand je me suis outragé de cette manière-là, c'est encore à moi qu'on vient en demander raison.

SCENE XVIII.
LE PRÉSIDENT, Mme DE CHARNANCÉ, HENRIETTE.

Mme DE CHARNANCÉ. Vous ne savez pas ce qui arrive?
LE PRÉSIDENT. Quoi donc?
Mme DE CHARNANCÉ. Le bruit de notre aventure s'est répandu dans toute la ville, et tout-à-l'heure.... ah! mon ami, le plus épouvantable charivari... et puis ils ont chanté des chansons... mais des chansons dans lesquelles on me représentait, moi, comme une femme bien coupable.... et M. de Charnancé comme un homme très à plaindre.
LE PRÉSIDENT. Ah! ils se moquent de M. de Charnancé! Qu'est-ce que cela me fait, à moi?... c'est-à-dire que ça me fait beaucoup... puisque indirectement, et même directement... Quand je disais que je m'y perdais tout-à-fait!..
HENRIETTE, *s'approchant du président.* Monsieur le président, je vous croyais notre ami... j'avais ce matin beaucoup d'amitié pour vous; mais à présent je vous déteste.
LE PRÉSIDENT. Il ne manquerait plus que cela...
HENRIETTE. Tenez, lisez la lettre que m'a écrite M. Arthur.
Elle lui donne un papier.
LE PRÉSIDENT, *lisant.* « Mademoiselle,
» quand vous recevrez cette lettre, j'aurai
» quitté le pays que vous habitez; notre
» mariage est impossible. Si ma conduite
» vous paraît singulière, demandez-en
» l'explication à M. le président Brulart. »
HENRIETTE. Vous voyez bien que c'est votre faute si je n'épouse pas mon cousin.... Allez, monsieur, c'est affreux!
Mme DE CHARNANCÉ. Les entendez-vous? les voilà qui recommencent leur maudite musique.
On entend de la musique dans le lointain.

LE PRÉSIDENT.
AIR: *Ah! j'étouffe de colère.* (Philtre.)
La colère me transporte!
Me tourmenter de la sorte!
C'est affreux (*bis*.)
De me rendre malheureux,
Je n'ai commis aucun crime,
Et je suis une victime;
Mais je vais à l'instant
Quitter le département.
Mme DE CHARNANCÉ.
Mon Dieu! c'est une chose infâme
De se voir compromise ainsi;
Et quel malheur pour une femme
D'être veuve avec un mari!

HENRIETTE, *avec tristesse.*
Plus de bonheur! ah! de mon ame,
Hélas! tous les vœux sont déçus.
LE PRÉSIDENT.
Je le vois, c'est un triste abus,
De n'être époux qu'*in partibus*.
ENSEMBLE.
LE PRÉSIDENT.
La colère me transporte,
Etc., etc., etc.
HENRIETTE.
La colère le transporte;
Quoi! se fâcher de la sorte!
C'est affreux (*bis*.)
De nous rendre malheureux;
Je ne sais quel est mon crime,
Ni pourquoi je suis victime,
Et pourtant, (*bis*.)
Plus d'espérance à présent.
Mme DE CHARNANCÉ.
La colère me transporte;
Se comporter de la sorte!
C'est affreux (*bis*.)
De nous rendre malheureux;
Il n'a commis aucun crime,
Et je suis une victime;
Mais il va dans l'instant
Quitter le département.

SCENE XIX.
LES MÊMES, ARTHUR.

LE PRÉSIDENT, *apercevant Arthur.* Allons, voilà le dernier coup.
ARTHUR. Venez, monsieur, mes témoins sont en bas avec des armes.
LE PRÉSIDENT, *à part.* Mais c'est un enragé que mon neveu; et quand on pense que ce qu'il a fait là, c'est pour moi et dans mon intérêt...

SCENE XX.
LES MÊMES, DUHAMEL.

DUHAMEL. Pardon, si j'entre ainsi; je sais que l'heure est indue... mais j'ai tant de choses à vous apprendre.
LE PRÉSIDENT. Encore de mauvaises nouvelles.
DUHAMEL. Au contraire, d'excellentes auxquelles vous ne vous attendez pas. Mon débiteur généreux, ce bon M. de Charnancé... que je brûle de connaître, il arrive... il est peut-être déjà arrivé.
LE PRÉSIDENT, *stupéfait.* Bah!
TOUS. Est-il possible?
DUHAMEL. Ça vous étonne... mais c'est dans le *Moniteur*, c'est officiel; il vient d'obtenir sa radiation... Il vient d'obtenir sa radiation de la liste des émigrés.
LE PRÉSIDENT, *à part.* Ah! la joie m'étouffe!
ARTHUR. Mon oncle nous serait rendu... et dans quel moment!
HENRIETTE. Enfin je vais donc le connaître...

Mme DE CHARNANCÉ, *bas à son mari*. Pauvre ami!

DUHAMEL. Par exemple, il y a à sa grâce une condition qui, j'en suis sûr d'avance, sera facilement remplie.

LE PRÉSIDENT, *effrayé*. Laquelle?

DUHAMEL. Qu'il n'ait point essayé de rentrer en France au mépris de la loi.... parce qu'alors il ne mériterait plus la faveur qui lui est faite, et retomberait naturellement dans sa première position.

LE PRÉSIDENT *et* Mme DE CHARNANCÉ. O ciel!

DUHAMEL. Eh bien! vertueux président, que dites-vous de ma nouvelle?

LE PRÉSIDENT. Je dis qu'elle n'a pas le sens commun. M. de Charnancé ne peut pas reparaître... il ne reparaîtra pas.

DUHAMEL. Il reparaîtra; c'est moi qui vous le dis. Pauvre homme! il me semble déjà le voir arriver plein de joie, plein de bonheur... et c'est alors qu'il apprendra qu'il a été trompé... lui, le modèle des époux et des débiteurs. O madame la baronne, qu'avez-vous fait là?

LE PRÉSIDENT. Quelle position pour une femme vertueuse!

DUHAMEL, *à part*. Il parle encore de sa vertu! (*Haut.*) Mais cela ne se passera pas ainsi. M. de Charnancé a été militaire, et quand il saura tout, il vous demandera raison.

LE PRÉSIDENT. Si je n'avais que cette crainte-là!

SCÈNE XXI.
LES MÊMES, UN DOMESTIQUE.

LE DOMESTIQUE, *tenant une lettre à la main*. Une lettre pour M. Arthur Delaunay.

ARTHUR. Donnez.
Le domestique sort.

DUHAMEL. Qu'est-ce que je vous disais? je parierais qu'elle est de votre oncle, et qu'elle nous annonce son retour.

ARTHUR, *qui a décacheté la lettre*. Non, vraiment... Elle m'est adressée par un ami de notre famille.

LE PRÉSIDENT, *qui a reconnu l'écriture, bas à sa femme*. Mon infatigable protecteur.

ARTHUR, *qui a lu*. Écoutez : « Je vous
» annonce une grande nouvelle: votre on-
» cle, par mes efforts, vient d'obtenir la
» permission de rentrer en France.

DUHAMEL. Comme si nous ne le savions pas.

ARTHUR. « Vous aurez pu l'apprendre par
» les journaux, mais ce que vous ignorez
» certainement, c'est qu'il y a long-temps
» qu'il est revenu de son exil. Malgré
» cette infraction à la loi, sa grâce n'en
» est pas moins pleine et entière. (*Avec joie.*) O ciel!

LE PRÉSIDENT *et* Mme DE CHARNANCÉ. Quel bonheur!

HENRIETTE. Ah! que je suis contente!

DUHAMEL, *enchanté*. Bravo! vive le directoire!

ARTHUR, *continuant*. « Comme je sais que
» votre régiment est allé tenir garnison en
» Picardie, j'ai pensé qu'il valait mieux
» que ce fût vous qui lui fissiez connaître
» une faveur qui doit le combler de joie,
» et dont l'annonce subite pourrait lui
» causer une trop vive émotion. Je vous
» adresse copie de l'acte qui le concerne,
» ainsi que le brevet confirmatif des fonc-
» tions qu'il remplit honorablement.

DUHAMEL. Qu'est-ce que cela veut dire?

ARTHUR. « *P. S.* Le citoyen Brulart de
» Charnancé, président du tribunal. »
(*Avec joie.*) Mon oncle!

HENRIETTE. Mon père!

DUHAMEL. Mon débiteur!

LE PRÉSIDENT, *embrassant sa fille, et donnant la main à Arthur*. Au diable l'incognito!

Mme DE CHARNANCÉ. Ah! je respire... et je puis l'embrasser devant tout le monde.
Elle embrasse le président.

HENRIETTE. Comment, c'est là papa?... Eh bien! ce n'était pas ainsi que je me le représentais.

LE PRÉSIDENT, *effrayé*. Ah! mon Dieu!

HENRIETTE. Mais je l'aime bien mieux comme ça.

LE PRÉSIDENT. Chère enfant!
Il l'embrasse.

DUHAMEL. Qu'on dise encore qu'il n'y a pas de pressentiment.

LE PRÉSIDENT, *étonné*. Comment?

DUHAMEL. Vous avez vu comme j'ai pris votre défense tout-à-l'heure, mon cher Charnancé!

LE PRÉSIDENT. Oui, mais c'était aux dépens de Brulart... N'en parlons plus. Le baron doit être magnanime.

DUHAMEL. Et le président me fera-t-il rendre ma place?

LE PRÉSIDENT. Si vous vous corrigez, si vous ne fréquentez plus la garnison.

DUHAMEL. C'est dommage, les chasseurs sont si aimables.

Mme DE CHARNANCÉ. Maintenant nous ne nous quitterons plus.

LE PRÉSIDENT. Oui, madame la présidente.

CHŒUR.
AIR : *Mes amis, partons bien vite.*
Désormais plus de nuage,
Amis, l'orage est fini;
Puisque enfin dans {le / leur} ménage
Il ne reste qu'un mari.

FIN.

www.ingramcontent.com/pod-product-compliance
Lightning Source LLC
Chambersburg PA
CBHW060932050426
42453CB00010B/1975